LA LOI

PAR

LÉON ROLLAND

… Lex, sed lex.
Sub lege libertas

PRIX : 1 FRANC

EN VENTE

CHEZ TOUS LES PRINCIPAUX LIBRAIRES

PARIS

—

1870

LA LOI

LA LOI

CHAPITRE Ier.

—

ENTRE COUSINS.

Il était une fois un grand peuple. — Ce grand peuple était censé s'être donné un roi, et voici comme. — Ce roi avait un cousin à qui, un beau matin, il avait dit carrément et sans façon : ôte-toi de là que je m'y mette. — Le cousin avait bien été un tantinet surpris de la subite amitié de son cher parent, amitié qui le portait à le soulager d'un lourd fardeau, mais enfin il n'avait pas raisonné; il était parti, et l'on était venu dire au peuple, du haut d'un balcon : voici ton nouveau roi. Le peuple s'était mis à applaudir à tout rompre; il se disait : je suis libre. — C'est très-beau la liberté, c'est même très-bon, mais que faire d'un instrument dont on ne

sait pas se servir? Le mieux n'est-il point de le re-
mettre entre les mains du roi de son choix? — C'est
ce que fit le peuple. — Le bon roi accepta l'instrument et le mit tranquillement au fond d'un tiroir de
l'armoire aux vieilles chartes. — Et le peuple applaudissait toujours. — Or, comme le principal n'est
pas de chasser un cousin, mais de gouverner, le roi
se mit bourgeoisement à l'œuvre, donnant des poi-
gnées de mains de çà, de là, chantant des refrains
populaires et se faisant tout à tous. — Et le peuple
applaudissait toujours. — Il y avait bien les voisins
du grand peuple qui, de temps à autre, cherchaient
des poux à la tête du grand roi ; mais il était si gen-
til qu'il ne songeait même pas à se rebiffer. — Cela
donnait à penser, et d'aucuns disaient : diable !
diable ! ne sommes-nous pas le grand peuple qui...
le grand peuple dont... le grand peuple que...? Le
bon roi laissait dire et marchait son petit bonhom-
me de chemin. — Et le peuple ne cessait pas encore
d'applaudir. — Or, il advint que quelques tentatives
d'assassinat, une dizaine, par exemple, eurent lieu
sur celui qui avait chassé le cousin. — Que faisait
donc le grand peuple ? — Le grand peuple était mé-
content ; il se sentait humilié, abaissé, et parfois for-
tement conspué. — Le peuple se frottait le nez, ce
qui est généralement le signe d'une grande préoc-
cupation ; il n'applaudissait presque plus. — Un
jour vint qu'un formidable cri se fit entendre ; on
demandait quelque chose comme une réforme ; on
voulait chanter pour la réforme ; on voulait banque-

ter pour la réforme; on voulait tout casser pour la réforme. — Et le peuple n'applaudissait plus du tout. — Le ministre du roi têtu, presqu'aussi têtu que son maître, lui fit observer qu'il ne fallait rien céder, que le peuple ne résisterait pas et que, d'ailleurs, en fût-il autrement, on ne s'appuie jamais mieux que sur ce qui résiste. — Le ministre parla tant et si bien que le roi fut convaincu, et on alla se coucher. — Le lendemain, il n'y avait plus ni roi, ni ministres, ni magistrats, ni armée, ni lois, ni décrets, ni ordonnances. — Il n'y avait plus que la République. — République est un mot très-euphonique, mais c'est très-laid quand ça commence; c'est souverainement bête quand ça opère d'une certaine façon; c'est très-heureux quand ça finit. — Et comme au départ du cousin, le peuple applaudissait à se briser les phalanges.

CHAPITRE II.

—

Etes-vous comme moi ? j'aime beaucoup la République ; je l'aime presqu'autant qu'un civet ; mais, de même qu'il faut un lièvre pour confectionner ce mets succulent, il faut des républicains pour faire une République ; — c'est en cette matière surtout que le pavillon ne couvre pas la marchandise. — On vint dire au peuple : Voilà la République, tu es républicain, — et le peuple d'applaudir en criant à tue-tête : Vive la République ! — Avez-vous remarqué avec quelle facilité le peuple applaudit et crie ? c'est vraiment merveilleux. — Ainsi donc, le roi qui avait chassé le cousin avait été chassé à son tour et sans les honneurs de la guerre, s'il vous plaît. Qu'allait-on faire ! — Les républicains, ceux que le départ du roi avait surpris plus que tous autres, s'attelèrent au char abandonné. — Mais voici bien une autre affaire ; les uns tiraient à hue, les autres ti-

raient à dia, et il ne se trouvait pas un seul cocher
pour diriger ce bel attelage. — Et le peuple applaudissait quant même. — Or, tant mal tiré que soit un
char, il faut bien qu'il marche un peu. — Le char
marchait, mais il s'embourbait d'une rude façon.
— Pour faire diversion et pour amuser le tapis, on
imagina de se donner, entre amis, quelques bons
coups de fusil. — On descendit donc dans la rue; des
balles furent échangées de part et d'autre; un arche-
vêque, des généraux, des soldats, des bourgeois, des
ouvriers furent tués par ci par là ; on ramassa
les morts; on pansa les blessés ; on décora quelques
poitrines et l'on jura d'être bien sages. — Serment
d'ivrogne ! Les disputes recommencèrent de nouveau ; les constituants, les législateurs, les journa-
listes se dirent des choses à faire dresser des cheveux
sur les têtes les plus *calvitiques*. — De toutes parts on
disait : Faites ceci, ce sera fort bien; faites cela, ce sera
beaucoup mieux; ne faites rien, ce sera meilleur.
— Et vraiment, on ne faisait que de la bouillie pour
les chats. — Le peuple se demandait s'il fallait applaudir ou siffler. — Entre temps, le commerce s'en
allait cahin-caha; chaque manifestation faisait fer-
mer les boutiques et affluer le populaire dans les
rues et dans les carrefours. Il se trouvait bien encore
quelques bonnes gens qui branlaient la tête en di-
sant : Tout cela ne peut durer. — Cela durait vraiment, et *l'arbre* social qui ne peut s'arrêter tournait
quand même, en dépit des peureux et des exaltés.
— La République est une fière chose; quel dommage,

grand Dieu! qu'il faille des hommes pour former une république! — Ce fameux char, que vous savez, char tiré tantôt à droite, tantôt à gauche, tantôt en avant, tantôt en arrière, courait grand risque d'être culbuté. — Le peuple voyait tout cela ; il ne se contentait plus d'applaudir, il riait. — Or, le ridicule est un rude dissolvant, quand il est manié par un grand peuple. — De ridicule en ridicule, on en vint au mépris ; le mépris est chose très-grave. Les amoureux ont l'habitude de dire, en parlant de leurs maîtresses, qu'ils préfèrent leur haine à leur mépris. — Y avait-il beaucoup d'amoureux de la République? Certes, oui! il y avait ses illustres fondateurs, d'abord ; les filous intéressés à tout étranglement politique, ensuite ; puis les badauds qui sont de tous les régimes ; — de la loi et des lois on s'en souciait, ma foi, comme un singe se soucie d'une pomme, — et vraiment, il s'agissait bien d'autres choses. Les partis étaient en présence ; les uns tenaient pour l'héritier de notre vieille monarchie ; les autres pour le successeur de celui qui avait chassé le cousin ; d'autres pour la République bleue, la République rouge, la République tricolore, la République sociale, la République anti-sociale et la République des Républiques. La tour de Babel, de si vieille mémoire, n'était rien en comparaison de cette pyramidale confusion de langues, de raisonnements, de propositions, d'idées et de pensées. On parlait sans cesse, on n'agissait jamais. — Et le peuple attendait un mot d'ordre pour applaudir. Pauvre peuple! il ne savait

plus que faire. — Il était cependant indispensable
de lui faire faire n'importe quoi. Sous une République, chacun doit avoir sa part d'action ; seuls les
idiots et les infirmes ont le droit et le devoir de res-
ter tranquilles. — Le peuple ne resta pas tranquille,
et le peuple eut parfaitement raison. — Il regarda
la tourbe des légifacteurs, les enveloppa dans le même
dédain et se dit à part lui que l'homme qui le dé-
barrasserait des *Babélistes* serait le bienvenu et le
bien acclamé. — Il était temps ; le char susnommé
avait des oscillations tellement inquiétantes qu'on se
demandait si, dans sa chute, il n'allait pas écraser les
mandataires et les mandants. — Joli spectacle que nos
voisins du Nord, du Midi, de l'Est et de l'Ouest, con-
templaient en passant leur langue sur leurs lèvres et
sur nos provinces ! — Mais il est écrit : Aide-toi, le
ciel t'aidera. — Le ciel vint en aide et, comme le
cousin du roi, comme le roi lui-même, la République fut emportée par ce simoun politique qui a
nom : Désaffection. — Et comme ci-devant, le
peuple applaudit si bruyamment que ses acclama-
tions retentirent dans le monde entier. — Les voisins du Nord, du Midi, de l'Est et de l'Ouest ren-
trèrent précipitamment leurs langues dans leurs pa-
lais. — Un homme s'était levé ! ! !

CHAPITRE III.

—

ENTRE AMIS.

Un Homme ! ! ! mais c'est bien quelque chose.
Gratifiez-le, si vous le voulez, de tous les défauts
inhérents à notre *humaine* humanité ; soyez plus généreux encore, allez jusqu'à l'impossible, donnez-
lui tous les vices. Si, sous cette charmante cuirasse
que votre bon sens et votre bon cœur auront forgée,
vous rencontrez un homme, tenez-vous pour sa-
tisfaits ; la lanterne de Diogène vous est désormais
inutile. — L'homme qui s'était levé était un Homme !
— Et le peuple entier applaudissant le monta sur le
pavois, saluant en Lui une nouvelle ère de délivrance
et de liberté. — C'est doux la délivrance ! C'est pré-
cieux la Liberté ! — Les voisins ne regardaient plus ;
ils se disaient : Que va-t-il faire ? — Et l'Homme ré-
suma sa pensée en ces mots : Paix et Prospérité in-
térieures, Respect et Suprématie au dehors. — L'In-

térieur reprit confiance, l'Extérieur se rassura. — Et, du fond du cœur, le peuple applaudit, jurant d'abjurer les discordes intestines et de défendre l'honneur du Drapeau. — Le peuple tint parole. — Dix-huit années de repos, de grandeur et de progrès furent sa récompense. — L'Homme fit tout par le peuple et pour le peuple. Il créa un immense réseau de sociétés de secours mutuels, — des caisses de retraite pour la vieillesse, — des sociétés maternelles, — des orphelinats, — des hospices pour les malades, — des asiles pour les convalescents, — des crèches, — des prêts de l'enfance au travail, — des salles d'asile pour la première enfance, — des ouvroirs, — des patronages, — des caisses de secours, — des sociétés de Charité, — des dispensaires, — des cités ouvrières, — des visites de malades à domicile, — des aumôniers de la dernière prière, — etc., etc. — Et le peuple satisfait vivait heureux et content, trouvant le pain quotidien dans les usines, dans les champs et dans les ateliers. — L'Homme était heureux du bien qu'il avait fait, estimant avec raison que la souveraine puissance n'est qu'une délégation divine, c'est-à-dire de l'éternelle justice et de l'éternelle bonté. — En ce temps-là pourtant vivaient des hommes dont l'unique souci est de jeter le trouble dans les sociétés : hommes dangereux, car l'audace remplace chez eux l'absence de tout principe et de toute croyance. — Or, le peuple se prit à écouter les discoureurs et les tribuns. — L'Homme jugea qu'il était bon de faire l'expérience d'une liberté sans frein, certain que la licence amènerait le dégoût et que le dégoût démontrerait l'inanité des doctrines, des paradoxes et des sophismes. — L'Homme pensa : S'il reste encore au peuple une lueur de bon sens, il comprendra bien vite que ceux qui lui prêchent la lutte fratricide et le renversement des lois sont ses véritables ennemis. — La liberté de tout dire et de tout écrire fut accordée. — Liberté sainte, salut! honte à ceux qui en abusent et malédiction sur čeux qui, la rage au cœur, corrompent les instincts généreux et bons d'un peuple digne d'entendre le langage du Devoir et du Droit! — Les écluses ouvertes, les digues rompues, les ennemis de tout ordre social s'en donnèrent à cœur joie. Rien ne fut respecté : autorité, famille, armée, magistrature, clergé; toutes les bases de l'ordre social furent vilipendées, sapées, insultées, le tout dans un langage et sous des plumes où le cynisme le plus révoltant le dispute à la grossièreté la plus abjecte.—Et l'Homme, au milieu de ce dévergondage de la pensée et du style, restait calme toujours; sa confiance dans le peuple n'était pas ébranlée. — Or, le vrai peuple, celui qui travaille et qui prie, se sentait insulté et méprisé par ceux qui se disaient ses amis et ses rédempteurs. — Le peuple pensait juste ! Ceux qui le flattent, ceux qui lui parlent un langage irritant et passionné ne sont pas ses amis; ils le trompent sciemment.—Ils le trompent, car, en dehors du respect de la loi, il n'y a que trouble et malheur pour le citoyen laborieux; en dehors du respect de la fa-

mille, il n'y a que confusion ; en dehors de la stabili-
té basée sur le progrès rationnel et sur une liberté
sage, il n'y a qu'anarchie. — Non, mille fois non, le
peuple qui a produit les meilleurs savants, les meilleurs littérateurs, les meilleurs artistes et les meilleurs inventeurs ; le peuple qui se trouve au pre-
mier rang parmi les plus braves de notre armée ; le
peuple qui se distingue entre tous par son abnéga-
tion et son dévouement, le peuple qui, en un mot,
est la force vive de l'ordre social, ne se laissera pas
séduire par des mirages trompeurs, par des utopies
grossières et par des mensonges absurdes. Le peuple
fera justice ; il saura bien distinguer ceux qui, en lui
donnant la liberté, veulent l'émanciper de ceux qui
veulent l'asservir, en surexcitant les passions mau-
vaises que tout être humain porte en soi. — Oui,
mille fois oui, la liberté est une excellente chose, mais
il faut la pratiquer avec la conscience des devoirs
qu'elle impose. — Ces devoirs sont simples ; ils se
résument en ceci :

Aimer la loi,
Obéir à la loi,
Faire respecter la loi.

Paris. — Typ. Walder, rue Bonaparte, 44.